200 IDEES
pour peindre et dessiner

Fiona Watt

avec la collaboration de Gill Figg et Ray Gibson

Maquette : Amanda Barlow et Non Figg

Illustrations : Amanda Barlow, Non Figg,
Jan McCafferty, Lucy Parris, Nicola Butler,
Kathy Ward, Christina Adami et Rachel Wells
Photographies : Howard Allman

Pour l'édition française :
Traduction : Christine Sherman
Rédaction : Renée Chaspoul et Anna Sánchez

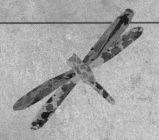

Sommaire

3 Comment utiliser ce livre

4 Matériaux

6 Pinceaux

8 Mélanger les couleurs

10 Acrylique

12 Avec ou sans eau

14 Décor « petits points »

16 Tableau en relief

18 Décors imprimés

20 Autres décors imprimés

22 Gouache et peinture prête à l'emploi

24 Impressions à l'élastique

26 Impressions à la main et au carton

28 Impressions à la main et au carton

30 Peinture au pochoir et à la brosse à dents

32 Impressions au carton tiré

34 Peinture sur papier de soie

36 Leçon de couleur

38 Couleur et ton

40 Encre

42 Peinture à l'encre et au pinceau

44 Tableau à l'encre

46 Aquarelle

48 Exercices avec l'aquarelle

50 Aquarelle sur papier mouillé

52 Peinture à la détrempe

54 Soufflages

56 Peindre le ciel

58 Peinture au sel

60 Rehauts

62 Perspective et couleur

64 Pastels secs

66 Paysage extraterrestre

68 Autres techniques

70 Pastels à l'huile

72 Formes et couleurs

74 Effets de pastel à l'huile

76 Craies à la cire

78 Frottis

80 Autres effets de repoussé

82 Tableau à la cire craquelée

84 Création de papiers texturés

86 Collage de papiers tachetés

88 Tableau de papier de soie

90 Cartes et cadres

92 Autres idées

94 Autres idées

96 Index

Comment
utiliser ce livre

Cet ouvrage est divisé en plusieurs sections, chacune traitant d'un médium artistique différent, tel que peinture acrylique, encre ou pastels à l'huile. Choisis ton médium de préférence et lis les pages correspondantes.

Chaque section comprend une introduction sur les techniques possibles, puis suggère des idées de réalisation pour t'aider à te lancer. D'autres projets combinant plusieurs médiums sont également proposés en fin de livre.

Au passage, tu pourras glaner des informations utiles sur les pinceaux, les couleurs et leur mélange, les effets de perspective et les rehauts.

Certaines pages sont imprimées sur un fond décoratif que tu peux réaliser toi-même en suivant les explications des pages 84-85.

Papier

Le papier à utiliser est suggéré sous le titre de chaque projet. Un autre type de support risque de ne pas donner le résultat désiré. Consulte la page 4 à ce sujet.

Matériaux

Les papiers nécessaires aux projets de ce livre sont vendus en papeterie ou dans les magasins de fournitures pour artistes. Ils te sont présentés de façon générale ici, mais tu trouveras des explications plus détaillées au début de chaque section. Va à la page 6 pour en savoir plus sur les pinceaux.

Papier

Le papier à utiliser est indiqué sous le titre de chaque activité. Le papier à aquarelle et le papier-cartouche s'achètent en bloc ou à la feuille.

Le papier-cartouche convient pour l'encre et le pastel.

Papier à machine à écrire ou à imprimante

Le papier à aquarelle est conçu spécialement pour cet usage.

Papier à pastel ou papier Ingres

Papier de soie

Propreté

Avant de commencer, recouvre la surface de travail de papier journal. Porte un tablier ou une vieille chemise sur tes vêtements.

Expérimente sur d'autres types de papier, le papier d'emballage par exemple.

Le papier teinté modifie l'apparence des couleurs appliquées.

Peinture

Les projets de ce livre sont réalisés à l'acrylique, à la gouache, à l'aquarelle ou à la peinture prête à l'emploi, sous forme sèche (godets ou pastilles) ou liquide (tubes ou flacons). Vois page 8 les quelques suggestions d'achat.

Chaque section commence par t'expliquer comment mélanger les couleurs.

L'acrylique est vendue en tube ou en pot. Achète-la d'abord en petits tubes.

L'aquarelle est moins chère en pastille qu'en tube.

La peinture prête à l'emploi et la gouache sont meilleur marché que l'acrylique, et d'effet similaire.

L'acrylique et la gouache existent aussi en couleur or et argent.

Encre

L'encre de couleur est vendue en petits flacons. Elle s'utilise avec un pinceau ou un porte-plume.

Il existe de nombreuses couleurs d'encre.

Tu peux aussi te servir de cartouches d'encre.

Pastels

Deux types de pastel sont utilisés dans ce livre : les pastels secs et les pastels à l'huile. Ils sont vendus en coffret ou individuellement.

Pastels secs

Les pastels à l'huile ont des couleurs plus riches.

Craies à la cire

Les craies à la cire sont vendues en coffret. Elles sont très pratiques et bon marché.

Matériel de dessin

Pour dessiner, procure-toi un stylo à encre, un feutre, un porte-plume ou un stylo ordinaire.

Feutre

La plume prélève l'encre directement du flacon.

Stylo-plume à cartouche d'encre

Palette

Une palette sert de support pour mélanger les couleurs. Une vieille assiette ou le couvercle d'un récipient en plastique font très bien l'affaire.

Choisis une assiette ou un couvercle blancs pour mieux voir les couleurs.

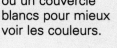

Divers

Il te faut aussi : de l'essuie-tout, des vieux journaux, une éponge, un chiffon pour essuyer les pinceaux, des pots de yaourt et un bocal pour mettre l'eau.

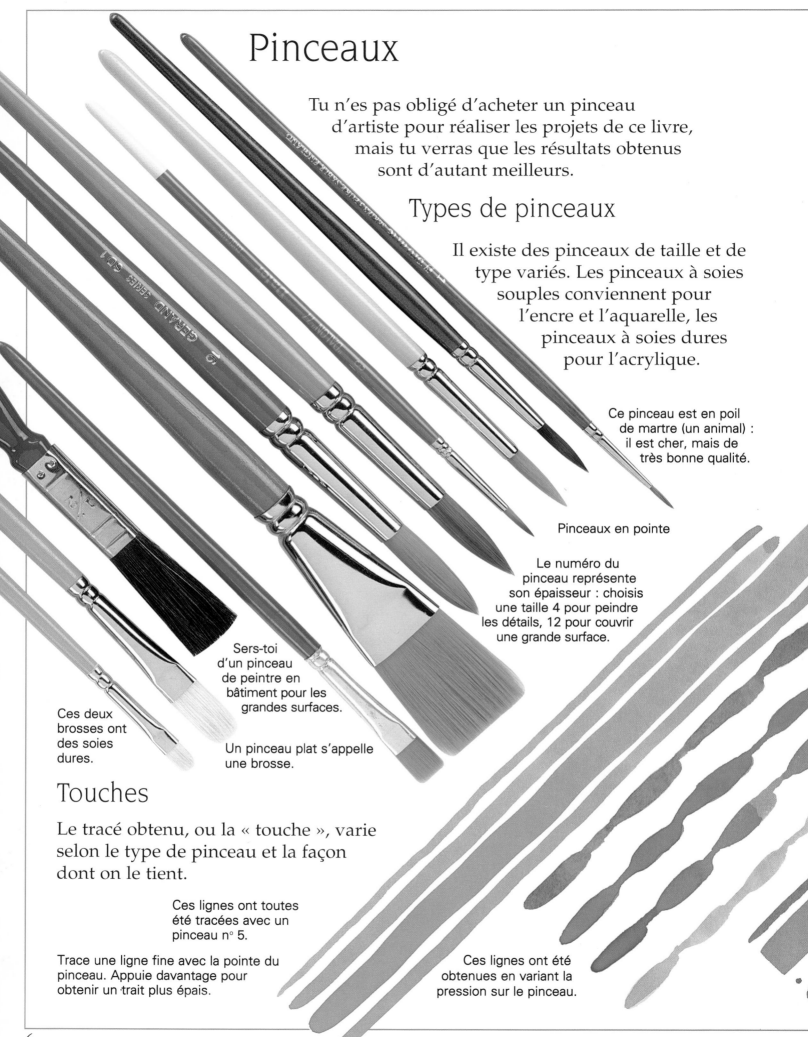

Pinceaux

Tu n'es pas obligé d'acheter un pinceau d'artiste pour réaliser les projets de ce livre, mais tu verras que les résultats obtenus sont d'autant meilleurs.

Types de pinceaux

Il existe des pinceaux de taille et de type variés. Les pinceaux à soies souples conviennent pour l'encre et l'aquarelle, les pinceaux à soies dures pour l'acrylique.

Ce pinceau est en poil de martre (un animal) : il est cher, mais de très bonne qualité.

Pinceaux en pointe

Le numéro du pinceau représente son épaisseur : choisis une taille 4 pour peindre les détails, 12 pour couvrir une grande surface.

Sers-toi d'un pinceau de peintre en bâtiment pour les grandes surfaces.

Un pinceau plat s'appelle une brosse.

Ces deux brosses ont des soies dures.

Touches

Le tracé obtenu, ou la « touche », varie selon le type de pinceau et la façon dont on le tient.

Ces lignes ont toutes été tracées avec un pinceau n° 5.

Trace une ligne fine avec la pointe du pinceau. Appuie davantage pour obtenir un trait plus épais.

Ces lignes ont été obtenues en variant la pression sur le pinceau.

Entretien

Range les pinceaux dans un pot ou à plat dans une boîte.

Pour ne pas abîmer les soies, ne laisse pas les pinceaux tremper dans l'eau.

Lave tes pinceaux à l'eau chaude et au savon. L'eau chaude décolle la peinture.

Remets les soies en forme avec les doigts avant qu'elles sèchent.

Range les pinceaux dans un endroit où les soies ne risquent pas de s'abîmer.

Un effet décoratif peut être obtenu en combinant diverses touches.

Touches oblongues, réalisées en posant les soies à plat sur le papier.

Damier réalisé avec le bord d'une brosse plate.

Ces petites touches sont appliquées avec la pointe d'un pinceau fin.

Porte-plume

Pinceau de calligraphie chinoise

Plumes

Bout d'éponge

Cotons-tiges

Improvise

Tu peux peindre avec d'autres objets que des pinceaux : ne crains pas de suivre ton inspiration.

Mélanger les couleurs

Toutes les couleurs peuvent être obtenues à partir de quelques couleurs de base. Celles-ci te sont indiquées ici, avec des « recettes » de mélange.

Jaune citron – mélangé avec du bleu, donne du vert.

Ocre jaune – mélangé avec du rouge, donne des ocres naturels, comme l'argile.

Rouge vermillon – mélange avec du jaune pour faire de l'orange, et avec du bleu pour du marron.

Bleu outremer – mélange avec du rouge pour faire du violet.

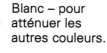

Bleu de Prusse ou bleu de cobalt – à mélanger avec le jaune pour faire du vert.

Rouge carmin – avec le bleu, donne du violet.

Terre de Sienne brûlée – à mélanger avec du bleu pour faire du noir.

Blanc – pour atténuer les autres couleurs.

Noir et gris

Ces couleurs ont été foncées avec du noir.

Ce rouge carmin a été foncé avec un mélange de bleu et de marron.

Tu n'as pas besoin non plus de noir pour faire du gris.

Le noir a tendance à ternir les couleurs : pour les foncer, mélange-les plutôt à d'autres teintes.

Ajoute par exemple un mélange de bleu outremer et de terre de Sienne brûlée aux couleurs à foncer.

Pour un gris pâle, mélange du bleu et du blanc avec une goutte de jaune et de vermillon.

Les couleurs du ciel

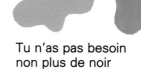

Un peu plus de bleu, avec du rouge et du jaune

Bleu et blanc

Vermillon et jaune citron

Avec un peu d'orange

Une goutte de blanc en plus

Un peu plus de bleu

Ajoute du blanc.

1. Mélange du blanc et du bleu de cobalt. Nettoie le pinceau. Prépare de l'orange avec du jaune citron et du vermillon.

2. Ajoute une petite goutte d'orange à ton bleu. Quelle couleur obtiens-tu ? Maintenant, ajoute un peu de blanc.

3. Ajoute d'autres couleurs. Certaines teintes conviennent pour un ciel ensoleillé, d'autres pour un ciel d'orage.

Les couleurs de la chair

Applique à côté du carré.

Essaie de retrouver les mêmes couleurs.

1. Dans les photos d'un magazine, découpe des parties de visage. Colle sur du papier.

2. Mélange du rouge et du blanc avec un peu de jaune et de bleu, jusqu'à obtenir les mêmes teintes.

3. Découpe la moitié d'un visage dans un magazine. Colle-le sur une feuille. Peins le côté manquant.

Mélanges de verts

Tu as peut-être remarqué l'absence du vert dans les couleurs à acheter. C'est parce que les divers tons de vert sont faciles à obtenir à partir des autres couleurs.

1. Mélange du bleu de cobalt à un peu de jaune citron. Tu obtiens un vert vif.

2. Puis ajoute plus ou moins de rouge en fonction du vert que tu veux obtenir.

Acrylique

La peinture acrylique est facile d'emploi et permet des effets variés, dans des couleurs vives.

Utilisation

Dépose de petites quantités de peinture sur ta palette. Mélange-les avec de l'eau ou applique-les directement. Lave ensuite les pinceaux avec soin afin de ne pas les endommager.

Tu peux te servir de l'acrylique telle quelle, sans la diluer,

ou tu peux la rendre plus transparente en ajoutant un peu d'eau.

Effets possibles

Sans diluer la peinture, procède par petites touches en utilisant un pinceau plat.

Applique une couche de peinture épaisse, puis racle avec la tranche d'un carton.

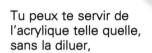

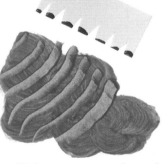

Découpe un bord dentelé dans le carton pour tracer des lignes claires dans la peinture.

Avec la pointe en bois du pinceau, dessine des spirales dans de la peinture épaisse.

Ces croisillons ont été tracés en appuyant le bord d'un carton épais dans la peinture.

Cet effet texturé s'obtient en raclant la peinture avec les dents d'une fourchette.

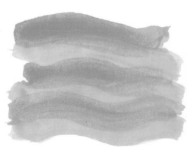

Dilue la peinture avec de l'eau. Trace des lignes ondulées de différentes couleurs.

Peins un fond clair (dilué). Laisse-le sécher, puis ajoute un décor peint, non dilué.

Ce paysage est un collage de formes découpées dans des papiers peints et décorés à la peinture acrylique, au moyen des techniques expliquées ci-contre.

Avec ou sans eau

SUR DU PAPIER ÉPAIS, PAPIER-CARTOUCHE PAR EXEMPLE

Varie tes effets en alternant couleurs pures et couleurs diluées, ou en jouant sur les propriétés adhésives de l'acrylique : le papier de soie, par exemple, reste collé à la peinture quand elle sèche.

Le fond clair de cette image est obtenu avec de l'acrylique diluée. Le décor est peint à l'acrylique pure.

Les lignes vertes et blanches de cet écossais sont tracées à la peinture diluée et les lignes violettes à la peinture non diluée.

Les détails ont été ajoutés avec de l'acrylique pure, sur un fond de damier en acrylique diluée.

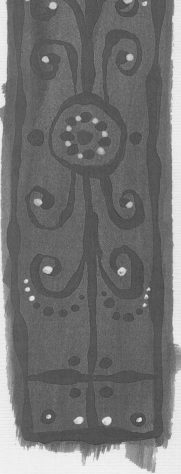

Carrés, lignes et points à l'acrylique pure

Cette fleur est en papier de soie. Le cœur blanc a été peint sur le dessus.

La fraise est en papier de soie. Les points sont peints avec du blanc dilué.

Impressions de papier de soie

Le papier de soie rouge ou orange convient le mieux.

1. Peins un fond clair uniforme sur une feuille de papier.

Les rayures et les points sont peints à l'acrylique pure.

2. Découpe une forme en papier de soie. Applique sur la peinture fraîche.

3. Après une ou deux minutes, enlève le papier de soie.

Les cœurs sont imprimés au papier de soie.

La fleur et la feuille de gauche sont en papier de soie peint.

Les détails du chien et des poissons sont tracés au feutre, une fois la peinture sèche.

Cœur en papier de soie sur lequel on a peint.

Décor « petits points »

SUR UNE GRANDE FEUILLE DE PAPIER-CARTOUCHE

Mélange dans un
récipient en plastique.

1. Mélange du
rouge, du jaune,
puis une pointe de
bleu, pour obtenir
un ton rouille.

2. Prends un
pinceau épais et
peins une grande
feuille de papier
de cette couleur.

3. Une fois la
peinture sèche,
peins un grand
serpent noir
enroulé.

4. Avec de l'ocre
jaune, trace un
cercle au milieu
du serpent. Laisse
bien sécher.

5. Découpe trois
morceaux de
torchon-éponge.
Humidifie et place
dans trois bols.

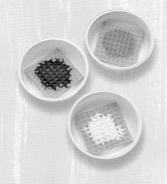

6. Sur chaque
éponge bien
étalée, dépose
du noir, de l'ocre
jaune et du blanc.

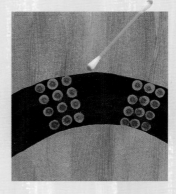

7. Presse le bout
d'un coton-tige
sur l'ocre jaune.
Imprime des points
sur le serpent.

8. Avec un autre
coton-tige, remplis
le reste du corps
du serpent de
points rouille.

9. Puis retrace le
contour du serpent
avec une ligne de
points blancs bien
réguliers.

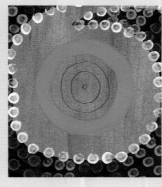

10. Trace des
cercles au centre
du rond ocre jaune.
Imprime dedans
des points blancs.

11. Imprime des
fleurs noir et blanc
autour du rond.
Remplis de points
ocre jaune.

12. Décore le
fond de fleurs
ocre et blanc
ainsi que de
points noirs.

Tableau en relief
SUR DU CARTON

Le dessin est tracé à la colle blanche, qui, une fois sèche, laisse une ligne en relief. L'image obtenue est ensuite passée à la peinture dorée, puis au cirage noir, ce qui lui donne l'aspect du vieil or.

Procure-toi un flacon de colle avec un bouchon verseur.

Fais un essai sur un journal.

1. Si le flacon est neuf, coupe le haut du bouchon. Vérifie l'épaisseur de trait que tu obtiens.

2. Si le trait est trop fin, coupe le bouchon un peu plus bas. Fais un nouvel essai.

3. Trace un dessin aux lignes simples sur le carton. Place le bouchon du flacon au début d'une ligne.

4. Dépose un trait de colle uniforme le long de chaque ligne, en pressant légèrement le flacon.

5. Quand tu arrives en fin de ligne, soulève le flacon rapidement pour qu'il ne goutte pas.

6. Décore l'arrière-plan de ton tableau de points et d'arabesques, selon ton inspiration.

7. Laisse sécher une nuit, puis recouvre toute la surface de peinture acrylique dorée.

8. Une fois sec, frotte avec un chiffon doux enduit de cirage noir afin de donner un aspect ancien.

Découpe différentes
formes en carton
à décorer.

Tu peux te servir
de cette technique
pour réaliser un
cadre à photo.

Décors imprimés

SUR TOUT TYPE DE PAPIER

Sers-toi d'une vieille carte postale.

1. Dessine une forme simple dans du carton léger. Découpe.

2. Pour faire une poignée, applique une boule de pâte adhésive au verso.

Étale la peinture avec le dos d'une cuillère.

3. Dépose de la peinture sur une feuille de papier journal. Étale.

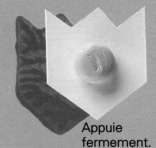

Appuie fermement.

4. Presse le carton-tampon sur la peinture, puis sur du papier.

Frise

Imprime une frise multicolore, en variant la position du tampon.

Presse le tampon dans la peinture avant chaque impression.

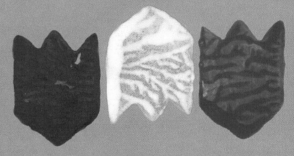

Impressions bicolores

Étale deux couleurs l'une à côté de l'autre sur le journal.

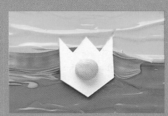

Presse le tampon dans la peinture, à la limite des deux couleurs.

Alterne différentes formes de tampons.

Lignes droites

Le trait obtenu varie selon l'épaisseur du carton.

Carton fin

Carton épais

Carton ondulé

1. Découpe des bandes de carton d'épaisseurs différentes.

2. Trempe le bord du carton dans la peinture, puis imprime une ligne.

Découpe un tampon en forme de poisson. Imprime les détails avec une bande de carton.

Courbes

Trempe le bord d'un carton dans la peinture et incurve-le pour imprimer.

Spirale : imprime plusieurs courbes à partir d'un même point de départ.

Boucles : réunis les deux extrémités d'un carton fin par du scotch.

TOURNE LA PAGE POUR D'AUTRES IDÉES DE DÉCORS IMPRIMÉS

Autres décors imprimés

Déplace ce côté.

1. Forme en éventail : imbibe de peinture le bord d'un carton.

2. Imprime en déplaçant le haut du bord seulement.

Ces pétales ont été réalisés selon cette méthode.

Mélange les formes et les couleurs.

Imprime les tiges avec la tranché d'un carton.

Les pétales de
cette fleur sont
légèrement
superposés.

Trempe une boucle
de carton dans deux
couleurs (pp. 18 et 19)
pour obtenir cette fleur.

21

Gouache et peinture prête à l'emploi

La gouache et la peinture prête à l'emploi conviennent toutes les deux pour des images simples aux couleurs vives. La gouache a toutefois plus d'éclat. Ces deux types de peinture se diluent à l'eau.

Dépose un peu de peinture prête à l'emploi sur une palette avant de l'utiliser. Évite de la mélanger car ses couleurs ternissent parfois en séchant. En revanche, la gouache peut être utilisée pure ou mélangée sur une palette. Certaines des couleurs de l'image ci-contre ont été obtenues par mélange.

Sers-toi de préférence d'un papier-cartouche épais. Du papier plus mince risquerait de gondoler.

La gouache peut s'acheter en godets. Elle est plus chère que la peinture prête à l'emploi.

Le contour du dessin ci-dessous a été tracé au feutre une fois la peinture sèche.

Impressions à l'élastique

SUR DU CARTON ÉPAIS

1. Dessine une image simple au stylo sur un morceau de carton épais.

2. Recouvre le carton d'une épaisse couche de colle blanche. Lave le pinceau.

3. Coupe un gros élastique en morceaux. Colle sur le contour, en appuyant bien.

4. Découpe un élastique plus mince pour les détails et colle-les aussi.

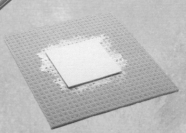

5. Découpe plusieurs carrés d'élastique épais pour décorer le reste du dessin.

6. Quand la colle est sèche, applique de la peinture prête à l'emploi sur un torchon-éponge.

7. Pose ensuite le carton à l'envers sur le tourchon-éponge. Appuie fermement.

8. Applique le carton imbibé de peinture sur du papier journal. Appuie, puis soulève.

9. Fais plusieurs essais avant d'imprimer sur le papier de ton choix.

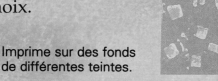

Imprime sur des fonds de différentes teintes.

Impressions sur papier de soie

Pour ce projet, choisis du papier de soie de couleur vive.

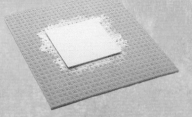

1. Comme à la page ci-contre, pose le carton à l'envers sur la peinture.

2. Retourne avec précaution le carton imbibé de peinture sur une pile de journaux.

Différents effets de couleur

3. Pose alors une double couche de papier de soie sur le carton. Appuie et soulève.

Tu peux aussi peindre les élastiques de différentes couleurs.

Varie l'épaisseur de l'élastique selon les détails du dessin.

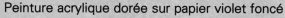

Peinture acrylique dorée sur papier violet foncé

Impressions à la main et au carton

SUR N'IMPORTE QUEL PAPIER DE COULEUR CLAIRE

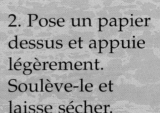

Les dessins de ces deux pages sont reproduits grandeur nature à la page 28.

Procure-toi un rouleau d'essuie-tout avant de commencer et tiens-toi près d'un évier.

1. Pour le fond du tableau, peins un grand morceau de film étirable en bleu.

2. Pose un papier dessus et appuie légèrement. Soulève-le et laisse sécher.

Partie des doigts à imprimer

Partie des doigts à imprimer

3. Pour faire un hippocampe, verse deux couleurs de peinture sur une pile de journaux.

4. La tête : trempe le plat des doigts dans la peinture. Imprime sur le papier.

5. Le corps : trempe le poing dans la peinture. Imprime à angle droit de la tête, comme ceci.

6. Trempe ton petit doigt dans la peinture et sers-t'en pour imprimer un long nez.

Ceci est l'amorce de la queue.

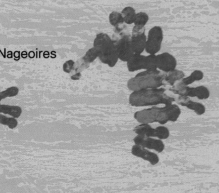
Nageoires

Fais des points de plus en plus petits.

7. Avec le même doigt, imprime trois nageoires et trois marques au bas du corps.

8. Avec le bout du doigt, trace deux « narines » en bout de nez, puis une crête sur la tête.

9. Avec le bout du doigt, trace des points en spirale pour terminer la queue.

10. L'œil : trempe le doigt dans une couleur vive. Laisse sécher. Ajoute la pupille.

Crabes

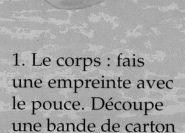 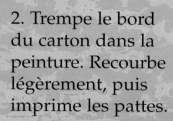 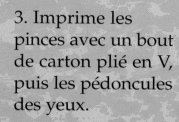 

1. Le corps : fais une empreinte avec le pouce. Découpe une bande de carton de 3 cm de long.

2. Trempe le bord du carton dans la peinture. Recourbe légèrement, puis imprime les pattes.

3. Imprime les pinces avec un bout de carton plié en V, puis les pédoncules des yeux.

4. Trace les yeux avec le bout du doigt, le blanc et la pupille quand le reste est sec.

Poisson-losange

1. Trempe le bord d'un carton mince dans deux ou trois couleurs différentes.

2. Applique et déplace sur le papier de façon à imprimer un triangle.

3. Imprime un autre triangle face au premier, puis un plus étroit pour la queue.

4. Les nageoires : imprime trois traits au carton. Trace l'œil avec le doigt quand tout est sec.

Petits poissons multicolores

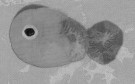

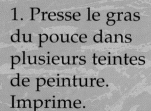

1. Presse le gras du pouce dans plusieurs teintes de peinture. Imprime.

2. Fais une petite empreinte pour la queue. Imprime l'œil avec le bout d'un vieux crayon.

Les instructions de réalisation de ce dessin sont
en pages 26 et 27.

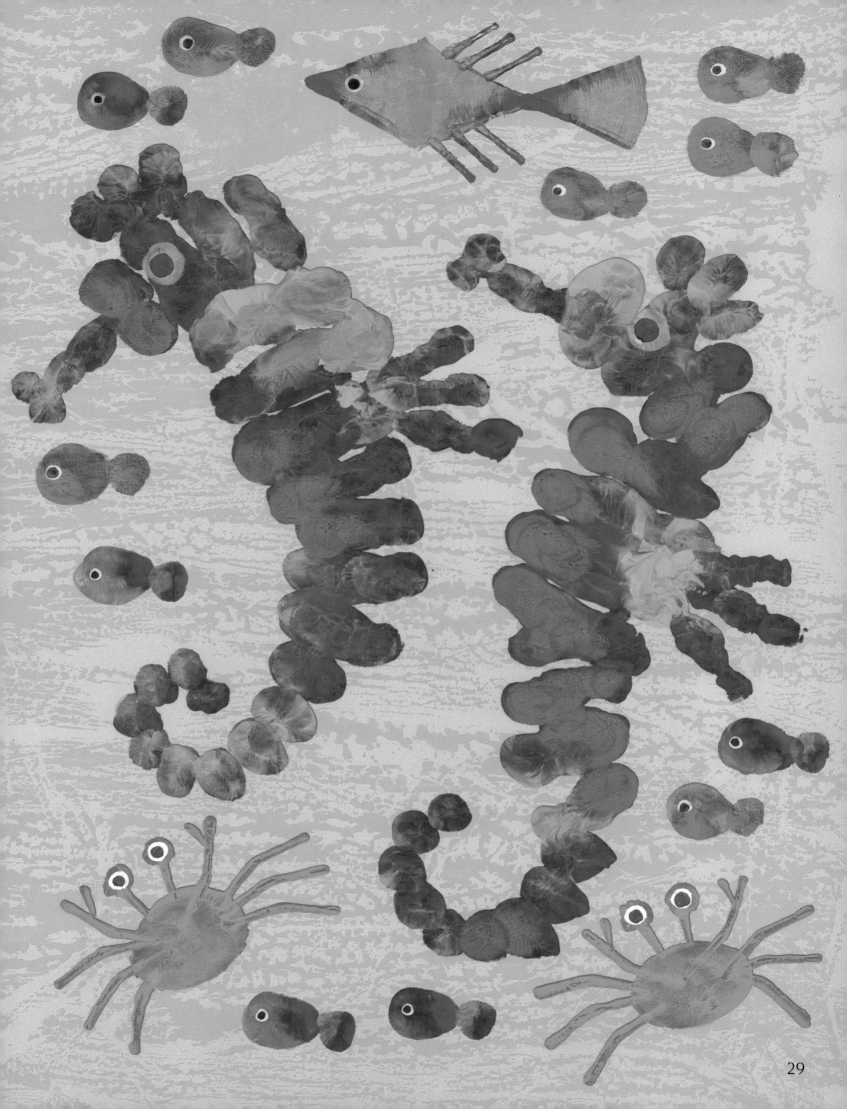

Peinture au pochoir et à la brosse à dents

SUR DU PAPIER DE COULEUR, AVEC UNE AUTRE FEUILLE DE PAPIER DE LA MÊME TAILLE

1. Dessine le contour des maisons sur la feuille de papier blanc. Découpe.

2. Dispose des journaux par terre, dehors. Maintiens en place avec des cailloux.

3. Pose le papier de couleur sur les journaux, puis ton découpage fixé par des cailloux.

4. Verse de la peinture prête à l'emploi dans un pot de yaourt. Dilue avec de l'eau.

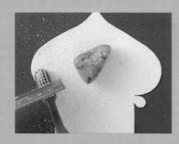

5. Trempe une brosse à dents dans la peinture. Tourne les poils vers le haut.

6. En frottant <u>vers toi</u> avec une règle, fais gicler la peinture sur la partie découverte.

7. Une fois le contour bien défini, soulève le papier et laisse sécher la peinture.

8. Termine par les détails : dessine les fenêtres intérieures et les reflets de l'eau au pastel.

Impressions au carton tiré

SUR DU CARTON ÉPAIS

1. Verse de la peinture dans une assiette. Trempe le bord d'un carton.

2. Pose le bord du carton sur le papier et déplace-le horizontalement.

3. Imbibe-le de nouveau de peinture et recommence en tirant vers toi.

4. Pour un losange, déplace le carton en diagonale.

Utilise un morceau de carton différent pour chaque couleur.

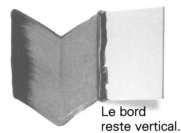 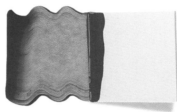

Le bord reste vertical.

5. Pour des zigzags : déplace le carton en diagonale vers le bas et vers le haut.

6. Pour des vagues : déplace le carton de façon à faire une ligne ondulée.

Imprime un arbre en superposant plusieurs courbes.

Toits en zigzag

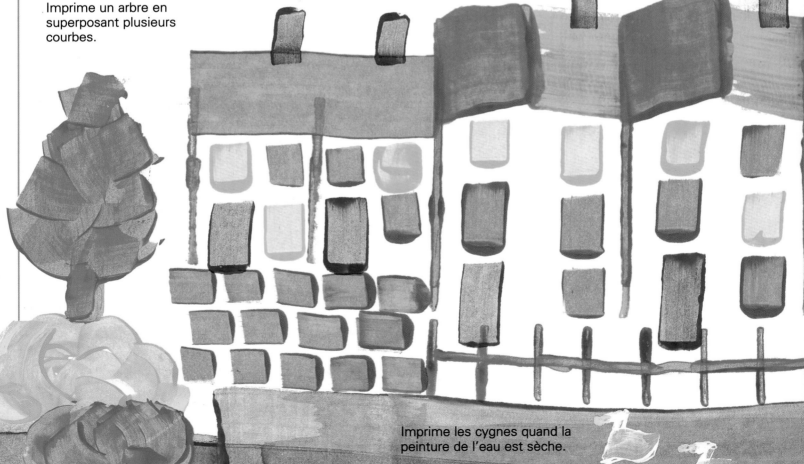

Imprime les cygnes quand la peinture de l'eau est sèche.

Cygnes et canards

Briques

Commence ici.

1. Trempe le bord d'un carton dans la peinture et imprime un trait pour le cou.

2. Déplace le bord sous le trait, puis vers le côté en ondulant.

3. Trace le bec et la tête avec le bord d'un carton.

Avec une bande de carton étroite, imprime des rangées de briques.

Les collines : peins de longues lignes ondulées superposées avec un grand morceau de carton.

Peinture sur papier de soie

Trace un losange autour.

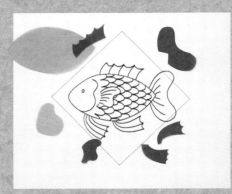

1. Avec un feutre noir épais, dessine un poisson comme celui-ci sur du papier blanc.

2. Décalque les parties principales sur du papier de soie de différentes couleurs. Découpe.

3. Découpe un morceau de sac en plastique transparent un peu plus grand que le dessin.

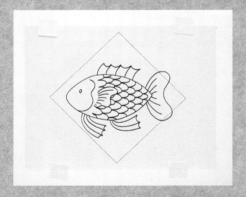

Aide-toi de ton dessin.

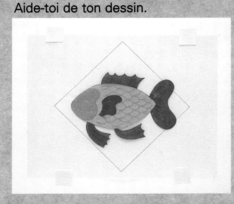

4. Pose le plastique sur le dessin et maintiens-le en place en scotchant les bords.

5. Au pinceau, applique de la colle blanche sur les formes découpées. Colle-les sur le plastique.

6. Découpe ou déchire des bandes de papier de soie pour simuler les vagues. Colle autour du poisson.

7. Découpe et colle un carré de papier de soie bleu pâle pour le fond, puis laisse sécher.

8. Lorsque tout est bien sec, soulève avec précaution le papier de soie du plastique.

9. Pose le papier de soie sur le dessin et passe sur les contours à la peinture noire.

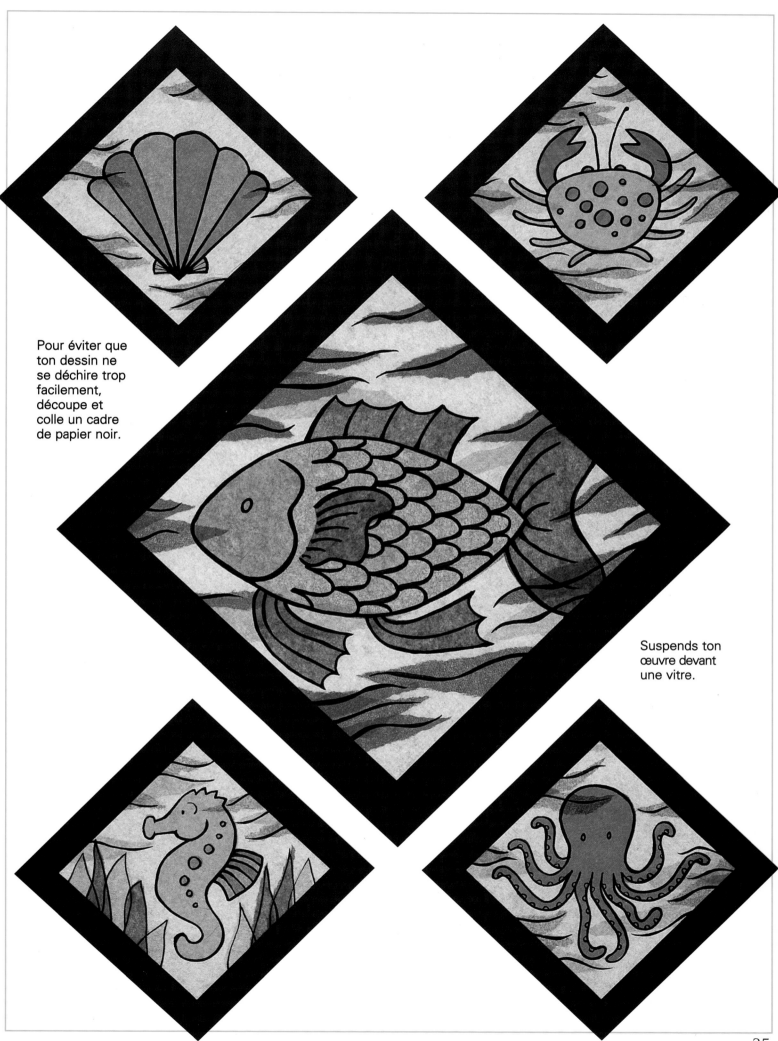

Pour éviter que ton dessin ne se déchire trop facilement, découpe et colle un cadre de papier noir.

Suspends ton œuvre devant une vitre.

Leçon de couleur

Quelles sont les couleurs qui vont bien ensemble ? Pourquoi certaines couleurs ressortent-elles mieux que d'autres ? Ces pages t'expliquent comment le choix des couleurs change l'atmosphère ou l'impact d'une image.

Couleurs primaires

Il n'y a que trois couleurs qui ne peuvent pas être obtenues par mélange : ce sont le rouge, le bleu et le jaune. On les appelle les couleurs « primaires ».

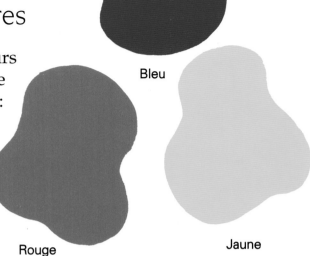

Bleu

Rouge

Jaune

Couleurs secondaires

Les couleurs secondaires sont celles obtenues en mélangeant deux couleurs primaires. Ce sont l'orange, le vert et le violet.

Rouge + jaune

Jaune + bleu

Bleu + rouge

Autres couleurs

Tu peux obtenir d'autres teintes en mélangeant une couleur primaire et une couleur secondaire. Les teintes obtenues sont sur le périmètre extérieur du cercle chromatique.

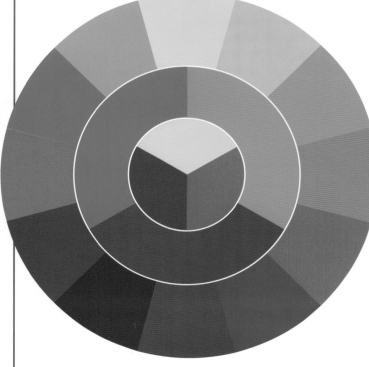

Les couleurs secondaires sont sur le deuxième cercle.

Les couleurs primaires sont au centre.

Si tu mélanges du jaune et de l'orange, tu obtiens une teinte entre les deux.

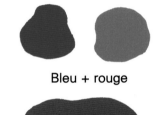

Du bleu et du vert donnent un bleu vert.

Du rouge et de l'orange donnent un rouge orangé.

Couleurs harmoniques

Les couleurs
voisines l'une
de l'autre sur
le périmètre
extérieur du cercle
chromatique sont
dites harmoniques.

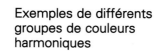

Exemples de différents groupes de couleurs harmoniques

Couleurs complémentaires

Les couleurs diamétralement opposées sur le cercle chromatique sont appelées complémentaires. Mises l'une à côté de l'autre, ce sont celles qui contrastent le plus.

Peintes l'une à côté de l'autre, les couleurs complémentaires semblent « vibrer ».

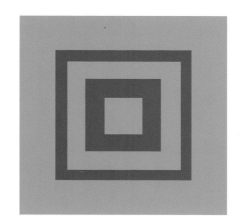

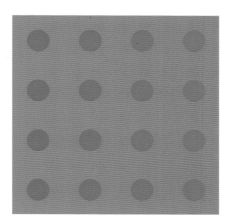

Couleurs chaudes et froides

Certaines couleurs donnent une impression de chaleur, d'autres de froid. Les couleurs chaudes sont plus lumineuses et ressortent davantage que les couleurs froides.

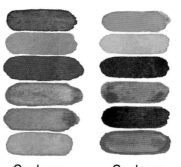

Couleurs froides   Couleurs chaudes

Les couleurs de ce paysage communiquent une impression de froid.

Couleur et ton

Le ton d'une couleur représente son intensité. Tu peux créer des œuvres originales à partir d'une seule couleur, déclinée en une gamme de tons plus ou moins foncés.

Ce cercle montre les tons de différentes couleurs.

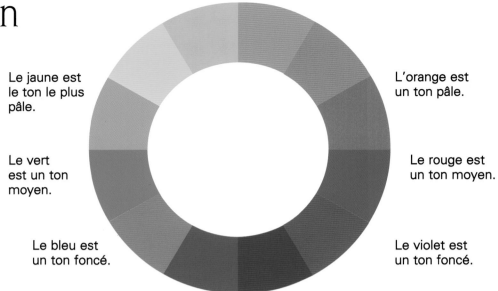

Le jaune est le ton le plus pâle.

L'orange est un ton pâle.

Le vert est un ton moyen.

Le rouge est un ton moyen.

Le bleu est un ton foncé.

Le violet est un ton foncé.

Exercice

Avec de l'acrylique, de la gouache ou de la peinture prête à l'emploi, essaie d'obtenir le plus de tons possible d'une même couleur, en allant du plus pâle au plus foncé.

Tous ces tons sont obtenus à partir du blanc.

Ajoute juste une goutte de couleur au début.

Augmente progressivement la quantité de couleur.

Tons clairs et foncés

Le ton des couleurs change l'effet produit. Un ton clair crée un effet pastel doux. Des tons foncés animent davantage l'image.

Compare ces deux images : l'une est peinte uniquement de tons clairs, l'autre de tons foncés.

Tons similaires

Deux couleurs très différentes peuvent avoir le même ton. Ces similarités sont plus faciles à distinguer sur une image en noir et blanc.

Compare ces deux photos. Sur la photo noir et blanc, le papier rouge et les carrés bleus ont le même ton.

Le ton le plus clair est celui des fleurs, le ton le plus foncé celui des carrés violets.

Le ton de chaque couleur est plus facile à distinguer sur la photo noir et blanc.

Tons inversés

Tu peux complètement changer l'effet d'une image en inversant les tons des couleurs, par exemple, en remplaçant le jaune par sa nuance la plus foncée et le bleu par sa plus claire. Les tons sont inversés dans la deuxième image de l'abeille.

Le bleu pâle est devenu bleu foncé.

Encre

Appliquée au pinceau, à la plume ou au stylo-encre, l'encre permet de créer des images de couleurs vives, seule ou selon des techniques de repoussé, avec des pastels à l'huile ou des craies à la cire (page 76).

Encre
pure

Encre
diluée

Utilise l'encre pure ou diluée avec de l'eau.

Fais un dessin au pastel à l'huile ou à la craie de cire, puis peins à l'encre par-dessus.

L'art des taches

Laisse tomber des gouttes d'encre sur du papier à aquarelle imbibé d'eau. Une fois sec, dessine dessus au feutre ou à la plume.

Fais des taches rapprochées, pour que les couleurs se confondent en bordure.

Rayures

Les couleurs changent quand elles sont superposées.

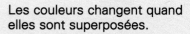

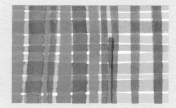

1. Sur un papier sec, peins des rayures d'épaisseur et de couleur différentes.

2. Lorsque l'encre est sèche, trace des rayures dans l'autre sens.

Arbres fantastiques

1. Fais un lavis d'aquarelle pour le ciel (page 48). Laisse sécher.

2. Peins le sol à l'encre noire. Souffle dans une paille pour faire les arbres.

Repoussé gratté

1. Dessine un décor simple sur toute la surface du papier.

2. Trace ensuite une deuxième ligne le long des précédentes.

3. Avec des pastels à l'huile, colore entre les doubles lignes.

4. Recouvre le papier d'encre de Chine. Laisse sécher.

Gratte l'encre avec la lame d'un tournevis.

5. Gratte des lignes dans l'encre pour faire réapparaître les couleurs.

6. Continue en variant le décor des parties colorées.

Attention !

N'oublie pas de protéger tes vêtements pour ne pas les tacher. Rince bien le pinceau ou le porte-plume quand tu as fini.

Peinture à l'encre et au pinceau

SUR DU PAPIER BLANC ÉPAIS

Procure-toi des pinceaux effilés à soies souples. Ce sont ceux qui conviennent le mieux à ces dessins. Les pinceaux utilisés pour la calligraphie chinoise sont la solution idéale.

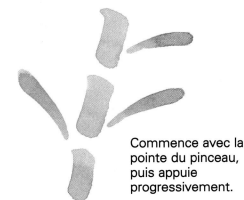

Pinceaux souples effilés

Mélanges

Le dessin ci-contre est d'une seule couleur, en trois nuances différentes. Achète un flacon d'encre, ou coupe le bout d'une cartouche d'encre.

Pour un lavis très clair, verse quelques gouttes d'encre dans une coupelle d'eau.

Prépare un mélange plus foncé dans une autre coupelle.

Encre pure. Prélève directement dans un flacon ou verse le contenu d'une cartouche dans un petit pot.

Bambou

Entraîne-toi d'abord sur un morceau de papier.

Peins avec le plat du pinceau.

Ne remets pas d'encre sur le pinceau.

Commence avec la pointe du pinceau, puis appuie progressivement.

1. Trempe le pinceau dans le lavis clair. Éponge sur de l'essuie-tout.

2. Peins trois sections de tige l'une sur l'autre, en les espaçant légèrement.

3. Trace les branches en lavis plus foncé, avec la pointe du pinceau.

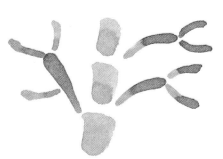

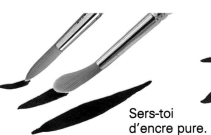

Sers-toi d'encre pure.

Appuie légèrement.

4. Ajoute des brindilles aux branches. Laisse un petit espace entre chaque brindille.

5. Varie la pression sur le pinceau pour tracer les feuilles, en commençant et en finissant avec la pointe.

6. Avec la pointe du pinceau et de l'encre pure, peins l'herbe et les nœuds de la tige.

Oiseau

Pour chaque trait, augmente puis diminue la pression sur le pinceau.

1. À l'encre non diluée, peins le bec avec la pointe du pinceau, puis le cou et le corps.

2. Peins la tête, l'œil et une courbe pour suggérer le dos. Ajoute la branche.

Trace des plumes de différentes longueurs.

3. Peins des lignes sous le corps pour la queue.

43

Tableau à l'encre

SUR PAPIER À AQUARELLE OU PAPIER-CARTOUCHE

Trois couleurs d'encre sont utilisées ici. Les formes principales sont peintes, et les détails ajoutés au pinceau fin ou à la plume. Avant de commencer, mélange tes lavis selon les instructions de la page 42.

Insectes

1. Peins le corps en lavis foncé, les ailes avec le lavis clair.

2. Ajoute la tête, les yeux, les antennes et les pattes à l'encre pure.

Poissons

1. Peins une forme simple ovale dans un lavis très clair.

2. Ajoute la tête, les branchies et le ventre en lavis foncé.

3. À la plume ou au pinceau fin, trace le contour à l'encre pure.

4. Complète le reste des détails, comme ci-dessus, à l'encre pure.

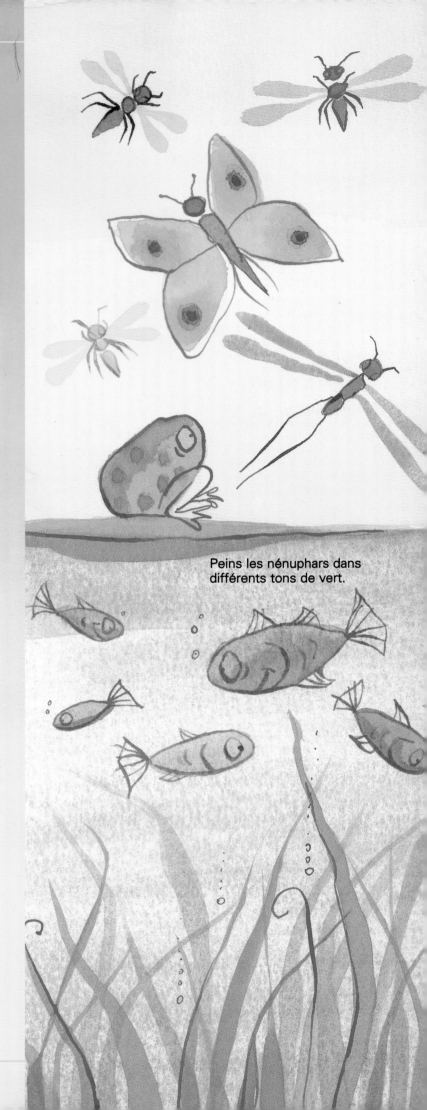

Peins les nénuphars dans différents tons de vert.

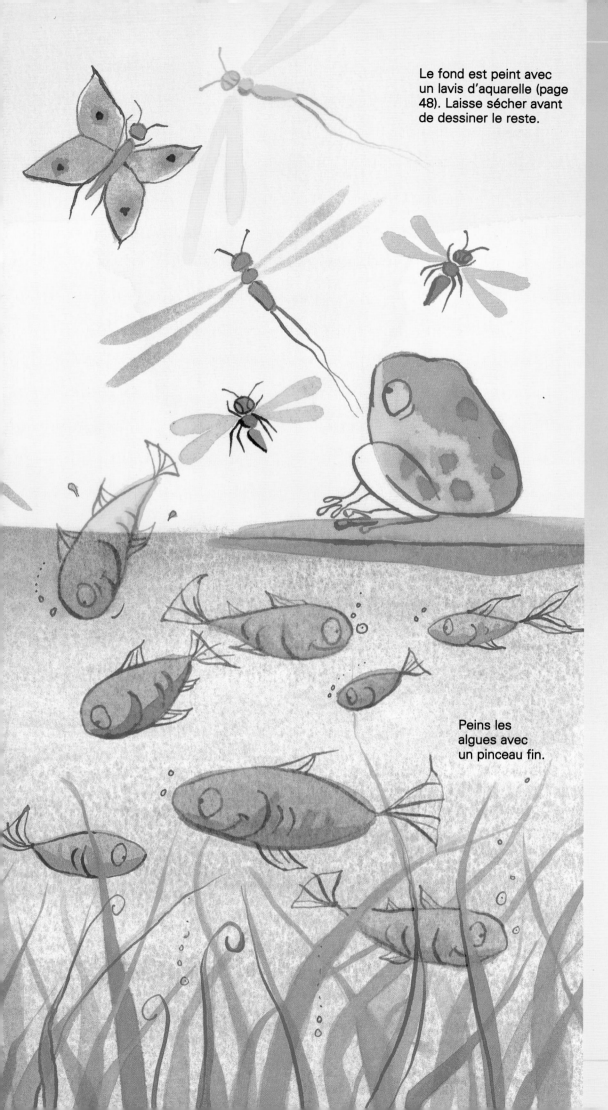

Le fond est peint avec un lavis d'aquarelle (page 48). Laisse sécher avant de dessiner le reste.

Peins les algues avec un pinceau fin.

Grenouille

1. Peins le corps de la grenouille avec un lavis très pâle.

2. Puis trace une bande plus foncée avec la pointe du pinceau, comme sur l'illustration.

3. Ajoute quelques taches foncées sur l'encre encore humide.

4. Dessine l'œil, les pattes et le contour du corps à l'encre pure.

45

Aquarelle

L'aquarelle permet de peindre aussi bien des couleurs vives et lumineuses que des nuances douces et transparentes comme celles du ciel et de l'eau. Elle est vendue en tube ou en pastille. Elle est plus facile d'emploi et moins chère sous forme sèche.

L'aquarelle en tube est pâteuse. Dilue-la dans un peu d'eau sur une palette.

Les boîtes d'aquarelle sont remplies de demi-pastilles ou de pastilles entières que tu peux acheter séparément.

Demi-pastilles d'aquarelle

Papier à aquarelle

Le papier à aquarelle existe en différentes textures et épaisseurs. Il est vendu en bloc ou à la feuille dans les magasins de fournitures pour artistes.

L'épaisseur d'un papier est indiquée par son poids. Choisis du papier de 190 g/m² au minimum : il se gondolera moins.

Le papier en bloc est quelquefois relié à la colle. Détache-le avec précaution en glissant un couteau dans la reliure.

Le papier « torchon » est plus texturé.

Le papier « satiné » est le plus lisse.

Le papier « à grain fin » est de texture moyenne.

Bloc de papier à aquarelle

La plupart des aquarelles de ce livre ont été peintes sur du papier à grain fin.

Mélanges

L'aquarelle en tube se mélange de la même manière que l'acrylique. Lis les explications de la page 10. Nous t'indiquons ici comment procéder pour mélanger l'aquarelle sous forme sèche.

1. Trempe le pinceau dans l'eau. Éponge sur de l'essuie-tout pour enlever l'excès d'eau.

2. Roule le pinceau sur la pastille, jusqu'à ce qu'il soit bien imbibé de peinture.

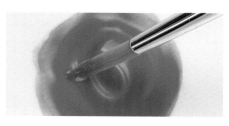

3. Dépose sur la palette et recommence jusqu'à ce que tu aies assez de peinture.

4. Rince et essuie le pinceau, puis trempe-le dans la deuxième couleur.

5. Mélange les deux couleurs sur la palette pour obtenir la nuance recherchée.

Les couleurs à l'aquarelle paraissent plus foncées quand elles sont mouillées. Elles s'éclaircissent en séchant.

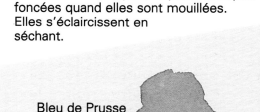

Bleu de Prusse

Toutes ces couleurs sont obtenues à partir de bleu de Prusse et de rouge carmin.

Si tu as besoin de beaucoup de peinture, verse un peu d'eau dans un récipient et ajoute la couleur dedans.

Rouge carmin

Exercices avec l'aquarelle

SUR PAPIER À AQUARELLE

Il existe de nombreuses techniques d'aquarelle. Fais ces exercices sur des chutes de papier à aquarelle.

Lavis

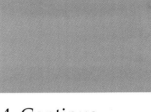

Superpose légèrement les bandes de couleur.

1. Remplis un récipient avec assez de peinture pour couvrir tout le papier.

2. Avec un gros pinceau, peins une première bande en haut de la feuille.

3. Peins immédiatement une deuxième bande sous la première.

4. Continue à ajouter des bandes jusqu'à ce que tout le papier soit peint.

Estompage

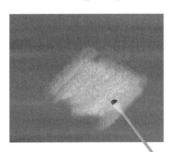

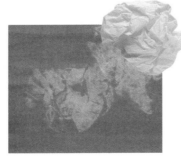

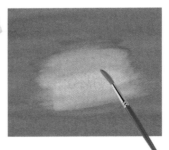

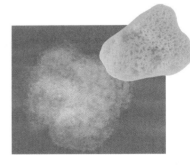

Avant que le lavis soit sec, enlève un peu de peinture avec le bout d'un coton-tige.

Pour un effet différent, estompe les couleurs avec un mouchoir en papier chiffonné.

Une autre façon de procéder est de passer un pinceau propre et sec sur le lavis.

Tamponne le dessin avec une éponge, afin d'obtenir un effet texturé.

Effets sur papier mouillé

Mouille une feuille de papier avec une éponge ou un gros pinceau. Peins de petites taches.

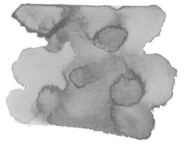

Recommence, mais avec deux couleurs, pour voir l'effet produit quand elles se mélangent.

Peins un lavis d'une couleur, puis, immédiatement après, une bande d'une autre couleur.

Peins un lavis. Fais tomber des gouttes d'eau propre sur la peinture et laisse-les se répandre.

Dégradés de couleur

1. Passe une éponge propre imbibée d'eau sur le papier.

2. Prépare ensuite deux couleurs différentes sur la palette.

3. Applique un lavis d'une couleur sur un tiers de la feuille.

4. Retourne la feuille et peins un second lavis sur le reste du papier.

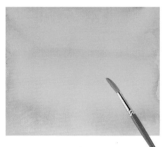

5. Passe le pinceau à l'endroit où les deux teintes se joignent.

Essaie aussi avec trois couleurs.

Le ciel de cette image est un dégradé de plusieurs couleurs. Les arbres ont été peints sur papier mouillé.

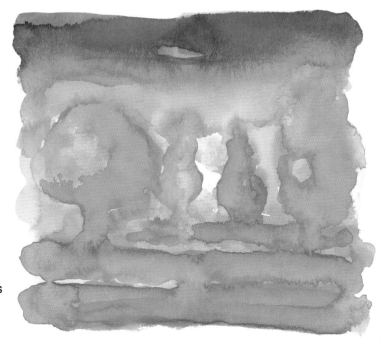

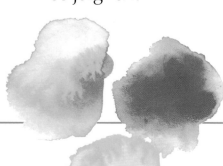

Aquarelle sur papier mouillé

SUR DU PAPIER À AQUARELLE

Avant de réaliser ce projet, entraîne-toi sur des chutes de papier.

1. Tu as besoin de trois couleurs différentes sur la palette.

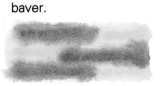

2. Mouille le papier avec une éponge ou un gros pinceau propre.

La peinture s'étale.

3. Applique de petites touches de peinture d'une couleur.

Essaie différentes combinaisons de couleurs.

Jaune citron, bleu de cobalt et vert

Laisse les couleurs baver.

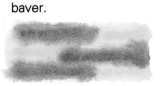

4. Mouille un autre papier. Utilise deux couleurs.

5. Puis fais un troisième essai avec des bavures de trois couleurs.

Paysage hollandais

1. Prépare du vert et deux bleus différents sur une palette.

2. Avec une éponge ou un pinceau, mouille la moitié inférieure du papier.

3. Applique des petites touches de bleu espacées sur la partie mouillée.

4. Ajoute des touches de l'autre bleu, puis du vert, en laissant la couleur s'étaler.

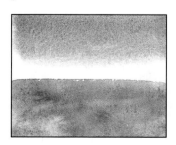

5. Mouille le haut du papier. Peins un lavis bleu clair pour le ciel.

6. Lorsque la peinture est sèche, peins la rive et la forme des moulins.

7. Avec la pointe d'un pinceau fin, trace les ailes des moulins.

8. Peins l'herbe du premier plan en vert, puis les tulipes rouges.

La mer de ces deux images a été peinte avant le ciel. Les détails ont été ajoutés une fois le fond sec.

Peinture à la détrempe

SUR PAPIER À AQUARELLE OU PAPIER-CARTOUCHE ÉPAIS

Cette autre technique tire aussi partie de l'effet obtenu en mettant l'aquarelle en contact avec du papier mouillé.

Prépare d'abord un bleu très clair en délayant un peu de bleu dans de l'eau.

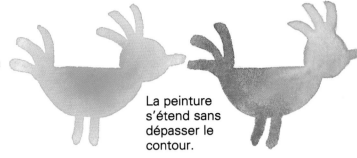

La peinture s'étend sans dépasser le contour.

1. Avec la peinture, trace le contour d'un dessin simple. « Peins » le milieu à l'eau claire.

2. Prépare d'autres couleurs. Dépose une goutte de peinture au centre du dessin mouillé.

3. Ajoute d'autres couleurs, en les laissant baver l'une sur l'autre. Fais sécher à plat.

Peins d'abord le tronc, puis les feuilles.

Trace les antennes du papillon avec un pinceau fin.

Peins les feuilles du bas dans des tons verts et bleus, celles du haut avec du rouge, du jaune et de l'orange.

53

Soufflages

SUR DU PAPIER ÉPAIS

Les couleurs
se mélangent.

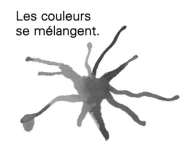

1. Prépare deux couleurs. Le mélange doit être très liquide.

2. Verse une goutte de chaque couleur, l'une à côté de l'autre, sur le papier.

3. Place une paille entre les couleurs, sans toucher, et souffle fort.

4. En soufflant, chasse la peinture vers l'extérieur, dans tous les sens.

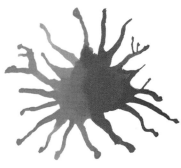

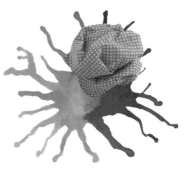

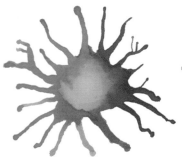

5. Continue de souffler pour étendre les lignes plus loin.

6. Doucement, éponge le centre de la tache avec un chiffon humide.

7. Essuie alors la peinture de façon à obtenir la forme d'un visage.

8. Laisse sécher, puis peins les yeux avec un pinceau fin.

9. Ajoute le nez, les sourcils, une bouche fine et des oreilles pointues.

Choisis des couleurs contrastées, comme le bleu et le vert, le rouge et l'orange ou le rouge et le violet.

Peindre le ciel

SUR DU PAPIER À AQUARELLE

L'aquarelle est un excellent médium pour peindre le ciel et les nuages. Cette page t'explique différentes techniques selon le ciel que tu veux peindre. Fais plusieurs essais avant de te lancer.

Ciel nuageux

1. Mouille le papier avec une éponge ou un pinceau. Peins un lavis bleu de cobalt.

Trace des nuages en enlevant la peinture avec un mouchoir en papier.

Différents types de ciel

Par temps lourd, le ciel paraît plus foncé au firmament qu'à l'horizon.

Ici, le ciel est un lavis dégradé jaune et orange. Ajoute les arbres quand le fond est sec.

Pour des nuages de pluie, trace une bande sombre en bas de chaque nuage.

Peins un lavis violet, et trace le ciel et l'eau en essuyant la peinture avec un mouchoir en papier et un pinceau.

Ciel d'orage

Voici les étapes à suivre pour peindre un ciel d'orage sombre.

Pour réaliser ce tableau, il te faut du bleu de Prusse, de la terre de Sienne brûlée et de l'ocre jaune.

1. Mouille toute la surface du papier avec un pinceau ou une éponge propre.

2. Mélange le bleu de Prusse et la terre de Sienne pour faire du gris foncé.

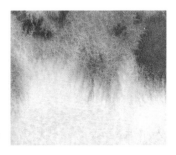

3. Fais de gros pâtés gris dans la partie supérieure du papier.

 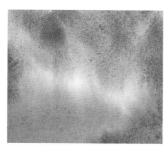 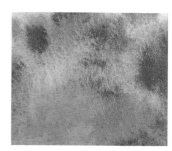 

4. Avec la pointe du pinceau, ajoute quelques rehauts d'ocre jaune.

5. Prépare plusieurs nuances de vert (voir page 9). Peins le bas du dessin.

6. Ajoute d'autres nuances. Laisse déborder le vert sur le ciel gris.

7. Quand le ciel est sec, peins le château en gris (voir étape 2).

Peinture au sel

SUR DU PAPIER À AQUARELLE

Si tu saupoudres du sel sur de l'aquarelle, il absorbe la couleur, laissant un aspect granulé en séchant.

Travaille vite : la peinture doit être encore humide quand tu ajoutes le sel.

1. Peins une baleine, puis des bandes de couleur pour la mer, en laissant les contours en blanc.

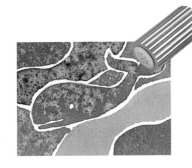

2. Avant que la peinture ne sèche, saupoudre du sel sur toute la surface de la feuille.

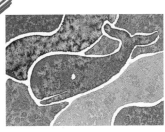

3. Le sel absorbe la peinture. Laisse le sel et le dessin sécher.

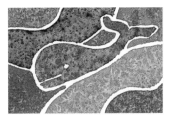

4. Secoue le sel. Tu peux laisser quelques grains collés ou tous les enlever.

Peins d'autres formes simples autour de la baleine.

Le sel donne un aspect granulé à l'arrière-plan.

Rehauts

Les rehauts donnent de la vie et du volume aux objets dessinés. Ils permettent aussi de suggérer les reflets du métal ou du verre. Deux méthodes sont expliquées ici. Note que la seule façon de faire des rehauts en aquarelle est de laisser un espace blanc.

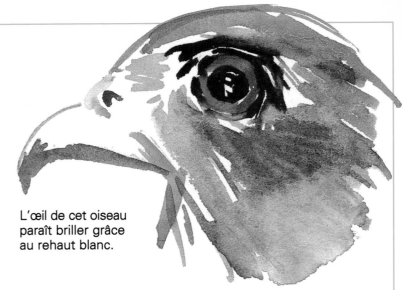

L'œil de cet oiseau paraît briller grâce au rehaut blanc.

Rehauts de papier

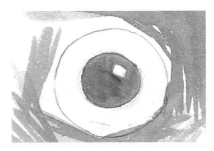
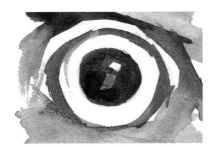

1. Trace deux cercles. Peins celui du milieu en laissant un losange blanc. Peins autour du plus grand cercle.

2. Définis le contour de l'œil avec une couleur foncée, puis peins la pupille en laissant encore un losange.

3. Peins le reste de l'œil en orange. Ajoute des touches de gris bleuté autour de l'orbite pour lui donner du relief.

Ajout de blanc

1. Dessine un robot. Repasse sur les lignes à la peinture noire.

2. Mélange un peu de blanc au noir. Applique le long du contour intérieur.

3. Ajoute encore du blanc et continue avec des gris de plus en plus clairs.

4. Nettoie bien le pinceau. Ajoute un rehaut blanc sur chaque partie.

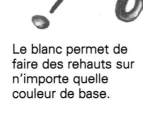

Le blanc permet de faire des rehauts sur n'importe quelle couleur de base.

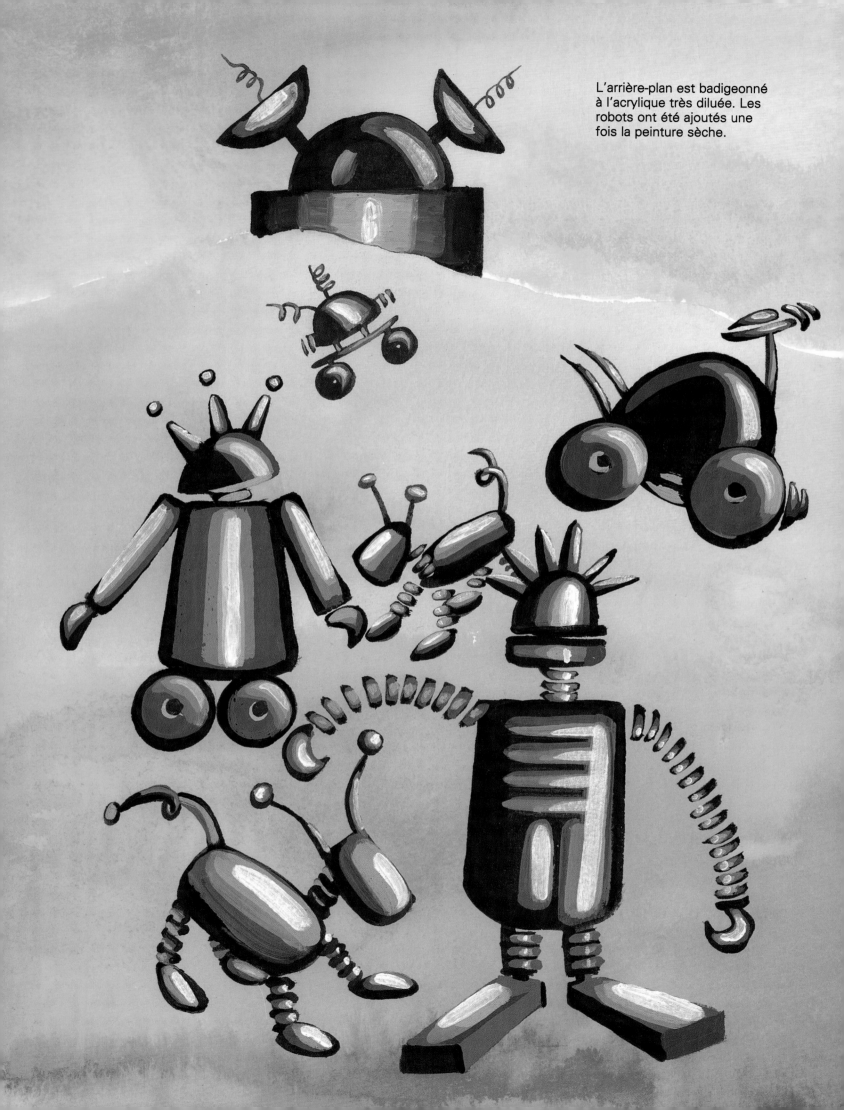

L'arrière-plan est badigeonné à l'acrylique très diluée. Les robots ont été ajoutés une fois la peinture sèche.

Perspective et couleur

Respecter la perspective signifie représenter les choses comme on les voit. Par exemple, les couleurs semblent pâlir au fur et à mesure que l'on regarde vers l'horizon. Tu dois donc en tenir compte dans tes dessins.

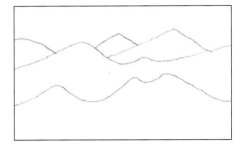

1. Trace les collines au crayon, en commençant par le premier plan.

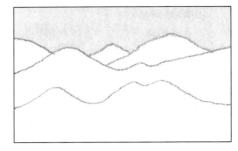

2. Mélange du bleu et une goutte de rouge à de l'eau. Peins le ciel.

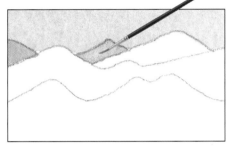

3. Ajoute un peu de bleu. Peins les collines les plus distantes.

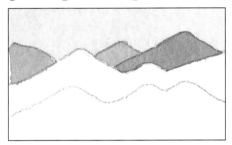

4. Ajoute du bleu et du rouge. Peins les collines suivantes.

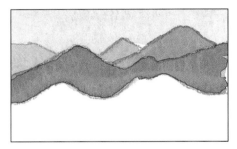

5. Continue avec des teintes violettes de plus en plus foncées.

Ce paysage a été peint à l'aquarelle sur papier à aquarelle.

Dans ce paysage, on a d'abord peint les maisons, la mer, le rideau et les collines. Le chat et le cadre ont été ajoutés une fois la peinture sèche.

Pastels secs

Les pastels secs sont très doux et s'étalent bien. Ils sont faciles à mélanger et à estomper.

Tiens le pastel comme un crayon et trace des zigzags avec l'extrémité.

Tiens le pastel à plat sur le papier.

Tu peux aussi colorier en tenant le pastel à plat. Casse-le et enlève le papier.

Mélanges

Mélange les couleurs en les superposant directement sur le dessin.

Change l'ordre de superposition des couleurs. Les résultats sont-ils identiques ?

Estompage des couleurs

1. Pour estomper plusieurs couleurs, commence par les superposer.

2. Puis frotte avec le doigt. Les couleurs deviennent plus floues.

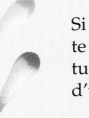

Si tu ne veux pas te salir les doigts, tu peux te servir d'un coton-tige.

Dégradés de couleur

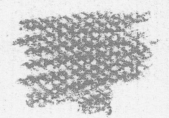

Les couleurs se mélangent au milieu.

1. Colore le haut du papier, selon l'une ou l'autre technique définie en page 64.

2. Continue avec un pastel d'une autre couleur, en superposant légèrement.

Couleurs hachées

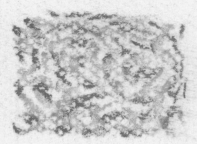

1. Commence au milieu du papier. Colore par petites touches tout autour du centre.

2. Remplis une partie des blancs avec de petites touches d'autres couleurs.

Images « pointillistes »

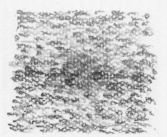

1. Avec la pointe du pastel, dessine un soleil composé de pointillés orange et rouges.

2. Puis trace une ligne bleu clair et quelques touches bleu foncé en travers.

3. Ajoute des pointillés jaunes et orange autour du soleil, et aussi dans le ciel.

4. Colorie le ciel et la mer en nuances de bleu différentes. Ajoute aussi un peu de rose.

Papier à pastel

Le papier de couleur donne des effets intéressants. Pour de meilleurs résultats, choisis un papier légèrement rugueux ou texturé.

Le papier ci-dessous est du papier Ingres, en vente dans les papeteries.

Tu peux aussi te servir de papier noir.

Le papier kraft de couleur convient bien et il est bon marché.

Paysage extraterrestre

SUR DU PAPIER-CARTOUCHE

1. Dessine deux courbes noires au pastel en haut du papier.

2. Colorie entre les deux courbes avec un pastel bleu foncé.

3. Ajoute une bande jaune, puis une autre bande bleu foncé.

4. Trace des hachures bleu outremer et noires au centre.

5. Atténue le noir des deux courbes en passant du pastel blanc.

6. Estompe avec le doigt ou un coton-tige (voir page 64).

7. Lave-toi les mains entre chaque couleur, ou change de coton-tige.

Le papier t'empêche
de salir le dessin.

8. Trace une ligne d'horizon grise, et des bandes rouges et jaunes au-dessus.

9. Dessine des ronds et des arabesques au premier plan.

10. Protège le bas du dessin avec un bout de papier pour l'étape 11.

11. Dessine la lune et les étoiles. Estompe-les avec le doigt.

12. Esquisse des nuages à l'horizon, en gris, ou en noir et blanc.

13. Ajoute des rehauts de jaune en bordure de chaque nuage.

14. Estompe le décor du premier plan, mais sans toucher aux nuages.

Autres techniques

Ces pages t'expliquent deux autres techniques pour mélanger les couleurs des pastels secs, sans les frotter, simplement en les superposant.

Expérimente avec des hachures et des couleurs différentes.

N'oublie pas que la couleur du papier affecte la couleur finale du pastel.

Blocage

En tenant le pastel à plat, « bloque », c'est-à-dire recouvre, les grandes masses de couleur. Puis superpose une autre couleur.

Hachures

Avec la pointe du pastel, trace de courtes hachures diagonales de différentes couleurs.

Les hachures doivent être parallèles.

Tu peux aussi faire des hachures sur une partie déjà colorée.

Paysage

1. Avec un pastel turquoise, bloque la partie du ciel. Laisse le feuillage des arbres en blanc.

2. Ajoute au ciel quelques touches bleu pâle, puis un peu de bleu foncé en haut.

3. Bloque le feuillage des arbres avec des pastels rouge, jaune et orange.

4. Ajoute quelques hachures de couleur sur le feuillage. Laisse-les dépasser et se chevaucher.

5. En tenant les pastels à plat, trace de larges bandes vertes, jaunes et orange sous le ciel.

6. Ajoute des hachures foncées, de plus en plus grandes vers le premier plan.

7. Avec un pastel noir, trace la ligne d'horizon, le tronc et les branches des arbres.

Pastels à l'huile

Les couleurs des pastels à l'huile sont plus lumineuses que celles des pastels secs. Elles se fixent mieux sur le papier, ce qui facilite aussi leur utilisation.

Comme pour les pastels secs, sers-toi de préférence de papier de couleur légèrement texturé.

Trace des hachures parallèles de diverses couleurs.

Bloque les grandes masses de couleur avec le plat du pastel (enlève l'étiquette et casse le pastel en deux).

Essaie de superposer des hachures de différentes couleurs.

Les couleurs sont légèrement altérées sur du papier noir.

Mélange de couleurs

Le pastel blanc ressort mieux sur du papier de couleur.

Pour mélanger les couleurs, superpose-les (voir le tigre ci-contre).

Le papier-cartouche et le papier kraft conviennent bien au pastel à l'huile.

70

Tigre dans la savane

1. Trace une ligne violette à un tiers environ du haut du papier.

2. Dessine les collines. Colorie le ciel avec du bleu pâle et du blanc.

3. Ajoute un peu de gris sur les collines : elles paraîtront plus distantes.

4. Bloque le reste du dessin avec le plat d'un pastel orange.

5. Trace ensuite le contour d'un tigre au premier plan de ton dessin.

6. Ajoute les rayures orange, jaunes et noires de la fourrure.

7. Le noir se fond dans les autres couleurs là où elles se superposent.

8. Dessine de hautes herbes marron et vertes devant le tigre.

Formes et couleurs

Le pastel à l'huile est un excellent médium pour expérimenter avec les couleurs et essayer différentes combinaisons chromatiques.

Le même carré bleu paraît plus lumineux sur un fond jaune que sur un fond gris.

Le carré vert ressort davantage au centre du carré rouge que du carré gris.

Essais de couleurs

Dessine des rayures en plusieurs couleurs chaudes.

Dessine des rayures uniquement avec des couleurs froides.

Alterne les rayures de couleurs chaudes et froides.

Mélange les couleurs pâles et les couleurs vives.

Dessine des rayures de couleur sombre : bleu, violet, marron.

Alterne les teintes pâles et les teintes foncées.

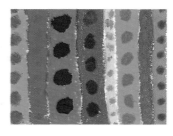

Ajoute des points de couleur de différentes tailles.

Dessine des frises de traits ou de zigzags.

Carte de vœux

1. Trace un grand rectangle violet, puis un rectangle orange à l'intérieur.

2. Dessine des triangles jaunes puis colorie le fond en vert.

3. Souligne le contour des triangles de vert foncé. Ajoute des points rouges.

4. Dessine des piquets rouges, avec une bande violette d'un côté.

5. Trace le corps du coq et colorie-le. Laisse l'œil en blanc.

6. Ajoute le bec, les plumes, la queue et les pattes. Colorie comme ci-dessous.

7. Colorie le ciel, avec des ombres bleues et violettes autour des bords.

8. Souligne le contour du corps et quelques traits du plumage en noir. Dessine l'œil.

Effets de pastel à l'huile

SUR N'IMPORTE QUEL PAPIER BLANC

Effet de vitrail

Fais d'abord une esquisse au crayon à papier.

Appuie bien.

1. Plie le papier en deux. Ouvre, puis dessine la moitié d'un papillon au pastel noir.

2. Replie le papier. Frotte un côté avec la poignée d'une paire de ciseaux.

3. Déplie le papier. Avec le pastel, repasse sur les traits décalqués sur l'autre côté du papier.

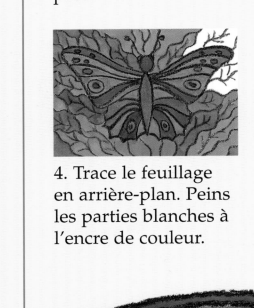

4. Trace le feuillage en arrière-plan. Peins les parties blanches à l'encre de couleur.

Repoussé encre et pastel

Laisse un blanc entre chaque partie du dessin.

1. Suis les étapes 1 à 3 ci-contre, mais avec un crayon à papier. Colore entre les lignes avec des pastels à l'huile.

2. Recouvre le dessin à l'encre de couleur. L'encre se concentre dans les parties laissées en blanc.

3. Avec un tournevis, grave des motifs sur les ailes du papillon et sur le feuillage de l'arrière-plan.

Craies à la cire

Les craies à la cire permettent d'obtenir des effets variés : en appuyant plus ou moins fort, par exemple, on obtient des nuances différentes. Tu peux aussi mélanger les couleurs, créer des effets de repoussé ou des frottis.

Ce dessin te montre les différents tons possibles en variant simplement la pression sur la craie.

La superposition des couleurs ne donne pas d'aussi bons résultats qu'avec les pastels.

Feu d'artifice

Appuie fort.

1. Dessine des étoiles filantes bicolores sur toute la feuille. Ajoute une queue.

2. Remplis une coupelle d'aquarelle bleu foncé, sans trop diluer cette dernière.

3. Peins l'ensemble du papier en bleu. La cire repousse la peinture.

Oiseau de feu

1. Sans appuyer, esquisse un grand oiseau au crayon à papier.

Aide-toi du dessin ci-contre.

2. Trace les plumes de la tête, du corps et de la queue et les rehauts des pattes avec une craie blanche.

3. Prépare de la peinture orange et peins l'ensemble du dessin.

4. Avec un pinceau fin, trace les détails du corps et de la tête en rouge.

5. Peins également les détails des plumes en rouge, comme ci-dessus.

6. Peins le contour des yeux, du bec et des pattes. Ajoute des hachures.

Frottis

SUR DU PAPIER FIN BLANC

1. Commence par casser une craie en deux. Enlève l'étiquette qui l'entoure.

2. Pose le papier sur une surface texturée, du carton ondulé par exemple.

3. Frotte assez fort le crayon à plat sur le papier pour faire apparaître la texture en dessous.

4. Peins toute la surface d'une couleur contrastée, à l'aquarelle ou à l'encre.

5. Réalise plusieurs autres frottis sur différents types de surface, en variant les couleurs.

6. Sur une autre feuille, dessine un pâté de maisons, chacune différente des autres.

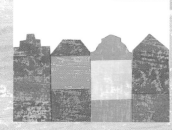

7. Découpe des rectangles dans les frottis que tu viens de faire. Colle-les sur les façades.

8. Dessine les fenêtres, les portes et les autres détails avec une craie à la cire noire.

Autres effets de repoussé

SUR DU PAPIER ÉPAIS

1. Choisis une craie à la cire de couleur vive et trace une frise en bas du papier.

2. Dessine des bâtiments multicolores, avec une multitude de dômes, de tours et de fenêtres.

3. Ajoute quelques palmiers. Colore les murs et les toits de couleurs vives.

4. Recouvre tout le dessin de gouache ou de peinture prête à l'emploi foncée.

5. Passe un chiffon humide roulé en boule pour faire réapparaître les parties à la cire.

6. Laisse sécher, puis grave les ombres et d'autres détails avec un ongle.

Tableau à la cire craquelée

SUR DU PAPIER FIN, COMME DU PAPIER À IMPRIMANTE

Cette technique de repoussé donne un meilleur résultat si l'image occupe tout le papier.

Lorsque le papier est froissé, des craquelures apparaissent dans la cire. La peinture s'infiltre ensuite à l'intérieur pour donner l'effet désiré.

1. Dessine un pot de fleur avec des craies à la cire. Appuie bien en colorant.

2. Colore le fond sans laisser de blanc, en appuyant bien.

3. Froisse le papier en refermant les coins vers le centre.

4. Ouvre le papier et froisse-le encore pour créer davantage de craquelures.

5. Lisse le dessin. Recouvre de peinture de couleur foncée.

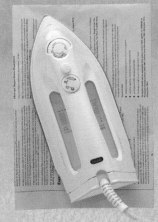

Règle le fer sur moyen.

6. Vérifie que la peinture s'est infiltrée dans toutes les craquelures.

7. Rince les deux côtés sous un robinet d'eau. Suspends et laisse sécher.

8. Repasse entre deux feuilles de journal si le dessin est fripé.

Création de papiers texturés

De nombreuses pages de ce livre sont imprimées sur un fond de couleur créé spécialement. La réalisation de certains d'entre eux t'est expliquée ci-après.

Taches d'encre de couleur sur papier à aquarelle mouillé

Frottis réalisé avec une craie à la cire jaune sur les gros trous d'une râpe à fromage, puis peint à l'encre.

Même frottis, mais sur les petits trous de la râpe à fromage. D'autres idées sont présentées aux pages 78 et 79.

Saupoudre du sel sur un papier peint à l'aquarelle encore mouillé. Laisse sécher. Enlève le sel. Voir aussi page 58.

Peins un morceau de film étirable. Pose une feuille de papier dessus. Frotte légèrement, puis soulève (voir pages 24 et 26).

Impression sur film étirable
peint (voir en bas ci-contre)

Ces papiers ont été peints avec
un gros pinceau de peintre en
bâtiment, d'abord d'une couleur,
puis une fois secs, d'une autre
couleur. Tu trouveras un
exemple en pages 90 et 91.

Papier peint
à l'aquarelle,
puis éclaboussé
d'eau avant que
la peinture ne
sèche. Voir les
étapes 5 et 6
de la page 31.

Papier coloré en tenant une
craie à la cire à plat, puis en
peignant (voir le fond de
couleur de la page 82).

85

Collage de papiers tachetés

SUR DU BRISTOL DE COULEUR OU DU PAPIER KRAFT

Fixe le journal par de petits cailloux.

Frotte la brosse vers toi.

1. Ce projet salissant doit être réalisé dehors, sur des vieux journaux.

2. Verse de la peinture prête à l'emploi dans un récipient. Dilue avec de l'eau.

3. Trempe une vieille brosse à dents dans la peinture. Tiens-la au-dessus du papier.

4. Tourne la brosse vers le haut et frotte-la avec une règle pour éclabousser le papier.

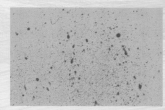

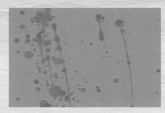

5. Continue de faire des giclures jusqu'à obtenir l'effet désiré. Laisse sécher.

6. Recommence avec une autre couleur, que tu éclabousses sur la première.

7. Pour obtenir des giclées plus grandes, imbibe un gros pinceau de peinture liquide.

8. Secoue brusquement le pinceau au-dessus du papier pour l'asperger. Répète.

9. Continue jusqu'à ce que tu aies obtenu l'effet désiré. Laisse sécher.

10. Trace le contour d'une grenouille et d'herbes au dos du papier éclaboussé au pinceau.

11. Fais des roseaux et une étendue d'eau sur le papier éclaboussé à la brosse à dents.

12. Découpe les formes et colle sur du papier d'une autre couleur.

Tableau de papier de soie

SUR DU PAPIER ÉPAIS

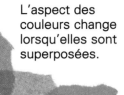

L'aspect des couleurs change lorsqu'elles sont superposées.

1. Déchire de petits bouts de papier de soie de différentes teintes.

2. Verse de la colle blanche dans un pot. Dilue avec un peu d'eau.

3. Colle les bouts de papier de soie sur du papier blanc, en les superposant.

4. Les couleurs foncent au fur et à mesure que tu ajoutes du papier.

Suggère les contours avec quelques traits dessinés sur le papier de soie.

Ajoute des points et des nervures sur les feuilles.

Coquelicots

1. Déchire de grands pétales dans du papier de soie rouge et orange.

2. Colle un pétale sur une grande feuille de papier blanc.

3. Colle trois autres pétales, en les froissant et en les superposant.

4. Colle des tiges et des feuilles découpées dans du papier de soie.

5. Applique de la colle sur les fleurs pour leur donner un aspect vernissé.

6. Une fois que la colle est sèche, dessine les détails au feutre.

Cartes et cadres

1. Plie un carton mince en deux. Aplatis bien la pliure avec l'ongle.

2. Pose ton dessin au centre du carton plié. Marque les quatre coins avec un crayon.

3. Pose le dessin à l'envers sur un journal. Encolle, en lissant du centre vers les côtés.

4. Colle le dessin sur la carte en te guidant sur les repères au crayon.

Cette aquarelle a d'abord été collée sur du papier de couleur avant d'être montée sur la carte.

5. Pose un papier blanc sur l'image et lisse-le bien partout.

6. Laisse la carte sous une pile de livres toute la nuit pour bien l'aplatir.

Les détails de cette carte ont été ajoutés au feutre doré.

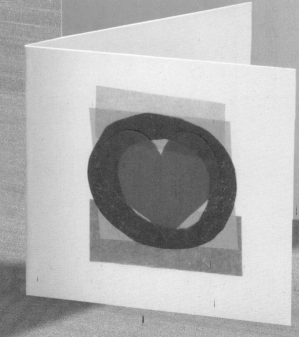

Carte décorée au papier de soie

Cadres

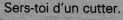

1. Découpe un morceau de bristol épais plus grand que le dessin à encadrer.

2. Découpe un morceau de carton de même dimension pour le dos.

3. Pose le dessin sur le bristol. Dessine son contour au crayon.

4. Trace une ligne à 5 mm du contour, vers le centre du bristol. Découpe la fenêtre ainsi créée.

5. Scotche l'image sur le cadre. Encolle le carton de dos et presse le cadre dessus.

Décore le cadre avant de coller le dessin.

Le cadre du haut est décoré de petits bouts de papier de soie.

Autres idées

Sur les pages qui suivent, nous te suggérons d'autres projets qui utilisent les techniques expliquées dans ce livre, en faisant référence aux pages nécessaires.

Ces poissons fantastiques ont été réalisés en soufflant de l'encre dans une paille (pages 54 et 55).

Cette image est un collage de formes découpées dans du papier tacheté de peinture (pages 86 et 87).

Les fleurs et papillons ci-dessous, et le hérisson ci-contre, sont peints à l'encre de couleur (pages 42 et 43).

Ces dauphins ont été découpés dans du papier de soie, puis recouverts de bandes de papier de soie bleu (pages 88 et 89).

Ces deux images sont en papier de soie peint à l'acrylique (pages 12 et 13).

Ce décor rouge et orange a été peint à l'acrylique. Les points ont été ajoutés au coton-tige (pages 14 et 15).

Lion peint à l'encre soufflée, puis au pinceau (pages 54 et 55).

Fleurs colorées au pochoir : la peinture a été appliquée à l'éponge autour des parties couvertes (pages 30 et 31).

Fleurs et feuilles déchirées dans du papier de soie, puis collées (pages 88 et 89).

L'effet texturé des images ci-dessous et de celle ci-contre a été obtenu en saupoudrant du sel sur de l'aquarelle humide (pages 58 et 59).

Cette tortue est un collage de papier gratté, peint auparavant à la peinture acrylique (pages 10 et 11).

Arbre imprimé à l'élastique (pages 24 et 25).

Escargot en papier de soie déchiré-collé (pages 88 et 89).

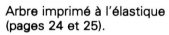

Index

acrylique, 4, 10-21, 93, 94, 95

aquarelle, 4, 46-59

blocage, 68

cadres, 91
cartes, 90
cire craquelée, 82-83
collages, 11, 86-87, 92, 95
couleurs, 8, 9, 36-37, 62
    chaudes, 37
    complémentaires, 37
    couleur chair, 9
    essais de, 72
    et formes, 72-73
    et ton, 38-39
    froides, 37
    hachées, 65
    harmoniques, 37
    mélange, 8-9
    primaires, 36
    secondaires, 36
craies à la cire, 5, 76-83

décors imprimés, 18-21
dégradés de couleur, 49, 65

effet de vitrail, 74
encre, 5, 40-45
    peinture à l', 42-43, 44-45, 92-93
    rayures à l', 40
    taches d', 40
estompage
    des couleurs, 48, 64
    des pastels, 64

frottis, 78-79, 84

giclures de peinture, 30-31, 86-87, 92
gouache, 4, 22-35

hachures, 68

impressions
    à la main et au carton, 26-29
    à l'élastique, 24-25, 95
    au carton tiré, 32-33
    bicolores, 18
    sur papier de soie, 13, 25

lavis, 42, 48

matériel, 4-5
mélange
    de l'aquarelle, 47
    des verts, 9

palettes, 5
papier, 3, 4
    à aquarelle, 4, 46
    à pastel 4, 65
    -cartouche, 4
    de soie, 4, 88, 93, 94, 95
    Ingres, 4, 65
    kraft, 65
    mouillé,
        effets sur, 40, 49
        peinture sur, 50-51
papiers texturés, 84-85
pastels, 5
    à l'huile, 5, 70-75
        effets de, 74-75
    secs, 5, 64-69
    techniques, 68-69

peinture
    à la colle, 16-17
    à la détrempe, 52-53
    à l'aquarelle, 46-59
    à l'encre, 42-43, 44-45, 92
    au sel, 58-59, 84, 95
    du ciel, 8, 56-57
    prête à l'emploi, 4, 22-35
    sur papier de soie, 34-35
    sur papier mouillé, 50-51
perspective, 62-63
pinceaux, 6-7, 42
    entretien, 7
    types de, 6, 7
pochoirs, 30-31, 94
points/pointillés, 14-15, 65, 94

rehauts, 60-61
repoussé,
    avec craies à la cire, 78-79
    effets de, 80-81
    encre et pastel, 75
    gratté, 41

soufflages, 54-55, 92, 94
stylos, 5

tons
    clairs, 38
    foncés, 38
    inversés, 39
    similaires, 39
touches, 6

verts, 9